Pianta
Guida

Napoli

 MAP-GUIDE
PLAN-GUIDE
 PLAN-FÜHRER
 PLANO-GUIA

Indice dei monumenti, Monuments index
Sommaire des monuments, Denkmalen inhalt
Indice de los monumentos

Indice, Index , Sommaire, Inhalt, Indice

PIAZZA DEL PLEBISCITO
E CHIESA DI SAN FRANCESCO DI PAOLA
(Vedi pianta - See map - Voir plan - Siehe plan - Ver mapa - L-7)

La grande piazza del **Plebiscito**, incute una certa soggezione, da un lato per la vastità della piazza stessa dall'altro per le grandiose costruzioni che vi si affacciano: il **Palazzo Reale**, la **Chiesa di San Francesco di Paola** (che richiama due celebri monumenti romani, il Pantheon per la chie-

Chiesa di San Francesco di Paola
Church of Saint Francesco of Paola

sa vera e propria, ed il Colonnato di San Pietro per il porticato ellittico in stile dorico), il **Palazzo della Prefettura** e quello del **Principe di Salerno**. Vicino c'è anche l'importante piazza del Municipio, dove si trova l'ottocentesco Palazzo del Municipio

The great Piazza del **Plebiscito** inspires a certain awe, on the one hand because of the vastness of the square itself and on the other because of the majestic buildings that face onto it: the **Royal Palace, the Church of S. Francesco di Paola** (that recalls two famous Roman monuments, the Pantheon for the actual church, and the Colonnade of St Peter's for the elliptical arcade in Doric style), the **Palazzo della Prefettura** and that of the **Prince of Salerno**. Nearby is the important Piazza del Municipio, with its nineteenth century Palazzo del Municipio.

La grande Piazza del **Plebiscito** est particulierment important: de par l'immensité de la place elle-même, mais aussi de par les monuments grandioses qui la bordent: le **Palais Royal, l' Eglise de San Francesco di Paola** (qui évoque deux célèbres monuments de la Rome antique: le Pantheon pour ce qui est de l' église elle-même et la Colonnade de la place Saint Pierre pour son vaste portique en ellipse, de style dorique) le **Palais de la Préfecture et le Palais du Prince de Salerne**. A côté il y a la vaste Piazza del Municipio, où se trouve l' Hôtel de la Ville datant du XIX ème siècle.

Die große Piazza del **Plebiscito** flößt einerseits aufgrund der Ausmaße des Platzes selbst einen gewissen Respekt ein, andererseits durch die grandiosen Bauwerke, die ihn umgeben: **Palazzo Reale, die Kirche San Francesco di Paola** (die an zwei berühmte römische Bauwerke erinnert: die eigentliche Kirche an das Pantheon und der elliptische dorische Säulenportikus an die Kolonnaden des Petersdoms), **Palazzo della Prefettura und der Palast des Prinzen von Salerno**. In der Nähe liegt auch die bedeutende Piazza del Municipio mit dem Palazzo del Municipio aus dem 19. Jahrhundert.

La gran plaza del **Plebiscito** inspira un cierto respeto, por un lado su inmensidad y por el otro, las grandiosas construcciones que dan hacia ella: el **Palacio Real, la Iglesia de San Francisco de Paola** (que evoca dos célebres monumentos romanos: el Pantheòn, en lo que se refiere a la iglesia misma, y la Columnata de San Pedro, por el porticado eliptico de estilo dùrico), el **Palacio de la Prefectura y el del Príncipe de Salerno**. Junto a ella se encuentra también la importante plaza del Municipio, sede del Palacio homónimo del siglo XIX.

Palazzo Reale/ *Real Palace*

MASCHIO ANGIOINO
(Vedi pianta - See map - Voir plan - Siehe plan - Ver mapa - L-7)

È una poderosa costruzione eretta per volere di Carlo I D'Angiò alla fine del duecento, in posizione dominante e successivamente rifatta sotto Alfonso I D'Aragona. Qui si svolse la vita fastosa e raffinata delle corti di entrambe le dinastie, Angioina ed Aragonese, che si succedettero al trono di Napoli negli ultimi secoli del Medio Evo. Il lato occidentale del castello, guarnito da massicce torri cilindriche quattrocentesche, presenta, incastonato fra la torre di Mezzo e la torre della Guardia, lo splendido Arco di Trionfo.

Charles the First of Anjou had this mighty castle built in this dominating position at the end of the 13th century. It was then rebuilt under Alphonse the First of Aragon. Both the Anjou and the Aragon dinasties, which succeeded each other in reigning over Naples until the end of the Middle Ages, had their court here, and it was the centre of rich and sumptuous court life. The western side of the castle, decorated with massive cylindrical towers, has the wonderful Arco di Trionfo set between the Torre di Mezzo and the Torre della Guardia.

C'est une imposante construction érigée par la volonté de Charles Ier D'Anjou à la fin du XIIIe siècle, en position dominante et refaite par la suite sous Alphonse Ier D'Aragon. Ici se déroula la vie fastueuse et raffinée des deux dynasties, Angevine et Aragonaise, qui se succédèrent au Trône de Naples au cours des derniers siècles du Moyen Age. Sur sa façade ouest, bordée de tours massives cylindriques, datant du XVème siècle, il y a le splendide Arc de Triomphe, enchâssé entre la Torre di Mezzo et la Torre della Guardia.

Ein mächtiger Bau, den Karl I.von Anjou Ende des 12. Jahrhunderts in dieser beherrschenden Lage erbauen liess, und der in der Folge, zur Zeit Alphons Ivon Aragonien, wiederhergestellt wurde. Hier spielte sich das festliche und raffinierte

Leben der Höfe der beiden Dynastien, Anjou und Aragonien, ab, die sich in den letzten Jahrhunderten des Mittelalters auf dem Thron von Neapel ablösten. An der Westseite des Schlosses mit den massigen zylindrischen Türmen aus dem 15. Jahrhundert ist der von der Torre di Mezzo und der Torre della Guardia eingefasste Triumphbogen zu bewundern.

Es una imponente construcción erigida por voluntad de Carlos I de Anjou a fines del siglo XIII, en una posición dominante, refaccionada posteriormente bajo Alfonso I de Aragón. Aquí se desarrollaba la vida fastuosa y refinada de las cortes de ambas dinastías, la de Anjou y la aragonesa, que se sucedieron en el trono de Nápoles en los ultimos siglos de la Edad Media. El lado occidental del castillo, adornado por torres cilíndricas masiva del s. XV, presenta engastado entre la torre del Medio y la de Guardia, el espléndido Arco de Triunfo.

Castello Maschio Angioino
Maschio Angioino Castle

VIA FORCELLA

(Vedi pianta - See map - Voir plan - Siehe plan - Ver mapa - M-5)

È uno dei centri più pittoreschi della vita e del commercio napoletano. Vale la pena di rischiare, se non si è troppo avveduti (ricordiamo che a Napoli il commercio è anch'esso un'arte) pur di curiosare fra le innumerevoli variopinte bancarelle, sulle quali potremo pur sempre sperare di fare chissà quale emozionante scoperta.

It is one of the most picturesque centres of Neapolitan life and trade. It is even worth taking the risk of being "taken for a ride" (for in Naples trade is considered an art, like many other things, and you have to be an expert) just to be able to fossick through the many different stalls, in the hope of finding some exciting treasure or bargain.

C'est l'un des centres les plus pittoresques de la vie et du commerce napolitain. Celà vaut la peine de risquér, si l'on n'est pas trop avisé (nous rappelons qu'à Naples le commerce est lui aussi un Art) afin de satisfaire la curiosité de chercher et dénicher sur les innombrables étalages multicolores des marchés forains, l'objet inattendu et inespéré qui nous remplit d'émotion.

Dies ist einer der malerischen Mittelpunkte des Lebens und des Handels von Neapel. Es lohnt sich die Gefahr zu laufen, wenn man nicht zu, vorsichtig ist, (wir dürfen nicht vergessen, dass in Neapel auch der Handel eine Kunst ist), nur um auf den unzähligen malerischen Verkaufsständen herumzustöbern, in der Hoffnung, eine aufregende Entdeckung zu machen.

Es uno de los centros más pintorescos de la vida y del comercio napolitanos. Vale la pena de arriesgarse, si no se es suficientemente despierto (recordemos que en Nápoles hasta el comercio es un arte) con tal de poder cuiosear entre los inumerables y pintorescos kioscos, en los cuales podremos siempre esperar de encontrar quién sabe qué emocionante hallazgo.

Bancarelle Via Forcella
Stalls: Via Forcella

CASTEL DELL' OVO E GOLFO
(Vedi pianta - See map - Voir plan - Siehe plan - Ver mapa - I-9)

È considerato uno dei monumenti napoletani di importanza fondamentale; si erge su un isolotto che si protende verso il mare nel Golfo di Napoli. In età romana al suo posto sorgeva la villa di Lucullo, successivamente nel XII sec. venne eretta una rocca legata alle vicende storiche dei Normanni e più tardi degli Svevi. Infine il castello venne utilizzato come fortezza o prigione e ancora oggi è adibito ad uso militare. La sua denominazione è da attribuirsi alla sua pianta ovoidale.
Suggestivo panorama del Golfo con Vesuvio sullo sfondo. Il porto è uno dei più importanti d'Italia per il movimento di passeggeri e merci.

It is considered one of the Neapolitan monuments of fundamental importance: it rises from a small island that reaches out into the sea of the Gulf of Naples. In Roman times the villa of Lucullus rose in its place. Subsequently, in the 12th century a castle was erected there that was linked to the historical events of the Normans and later of the Swabians. Finally, the castle was used as a fortress or prison and today it is still used for military reasons. Its name comes from its ovoid design.
A beautiful view of the Gulf, with the Vesuvius in the background. The port of Naples is one of the most important Italian ports, both for trading and passenger ships.

D'une importance fondamentale dans l'histoire de Naples, ce château se dresse sur une petite île qui s'avance dans le Golfe de Naples. Dans l'antiquité, c'est là que se trouvait la villa de Lucullus. Plus tard, au XIIème siècle, fut construite à ce même endroit une forteresse, qui joua un rôle important dans l'histoire des Normands et plus tard des Suèves, avant de devenir citadelle militaire et prison. Encore aujourd'hui, c'est l'armée qui possède cette forteresse. Sa forme trapézoidale lui donne un aspect imposant et imprenable.

Panoramica del Golfo
Panoramic of the Gulf

Suggestif panorama du Golfe avec le Vesuve en arrière - plan. Le port est l'un des plus importants d'Italie pour le mouvement de passagers et de marchandises.

Es gilt als eines der Bauwerke Neapels von grundlegender Bedeutung und liegt auf einer kleinen Insel, die sich im Golf von Neapel zum Meer hin erstreckt. In römischer Zeit stand hier die Villa des Lukullus, im 12. Jahrhundert wurde an dieser Stelle eine Burganlage errichtet, die mit geschichtlichen Ereignissen zuerst der Normannen und später der Schwaben in Zusammenhang stand. Schließlich wurde die Burg als Festung oder Gefängnis genutzt und noch heute dient sie militärischen Zwecken. Die Bezeichnung rührt von dem ovalförmigen Grundriss.

Ein bezauberndes Panorama des Golfes mit dem Vesuv im Hintergrund. Der Hafen ist einer der weichtigsten Italiens, was den Passagier - und Warenverkher betrifft.

Castel dell'Ovo

Erigido sobre un islote que se extiende hacia el mar en el Golfo de Nápoles, se le considera uno de los monumentos napolitanos más importantes. Durante la época romana en su lugar se encontraba la villa de Lúculo; más tarde, en el s. XII se erigió un piñón relacionado con los acontecimientos históricos de los Normandos y luego de los Suevos. Por último, el castillo fue utilizado como fortaleza o prisión, e incluso hoy se halla destinado a usos militares. Su nombre se debe probablemente a su planta ovoide.

Sugestivo panorama del Golfo, con el Vesubio al fondo. El puerto es uno de los más importantes de Italia por su movimiento de pasajeros y mercaderías.

IL VESUVIO

(Vedi pianta - See map - Voir plan - Siehe plan - Ver mapa - P-8)

Si giunge da Napoli a Torre Annunziata, alle falde del Vesuvio attraverso una moderna autostrada. L'ascensione al Vulcano, che culmina in due cime (a nord il Somma, alto 1132 m. ed a sud il Vesuvio vero e proprio, alto 1182 m.) si compie normalmente attraverso due strade che salgono una da Pugliano e l'altra da Boscotrecase.

A modern highway joins Naples to Torre Annunziata, which is at the foot of the Vesuvius. The Vesuvius has two peaks, one on the northern side, which is called the Somma (1132 m), and the other, Vesuvius proper, (1182 m) which is on the southern side. There are two roads for those who want to go to the top of these peaks - one in Pugliano and the other is in Boscotrecase.

De Naples on arrive à Torre Annunziata, au pied du Vésuve, par une moderne autoroute. L'ascension au volcan, qui se culmine par deux sommets (au Nord le Mont Somma, hauteur 1132 m. et au Sud le Vésuve proprement dit, hauteur 1182 m.) se fait normalement à travers deux routes qui montent l'une depuis Pugliano et l'autre depuis Boscotrecase.

Von Neapel erreicht man auf einer modernen Autobahn Torre Annunziata, am Fusse des Vesuvs. Die Besteigung des Vulkans, der sich in zwei Gipfeln erhebt, (gegen Norden, der Somma mit 1132 m und gegen Süden, der eigentliche Vesuv mit 1182 m), wird gewöhnlich auf einer der beiden Strasse unternommen, von denen die eine in Pugliano, die andere in Boscotrecase beginnt.

Desde Nápoles se llega a Torre Annunziata, en las faldas del Vesubio, a través de una moderna autopista.

La facciata del vulcano
The façade of the volcano

La escalada al Volcán, que culmina en dos cimas (al norte el Somma, de 1132 m de altura y al sur el Vesubio propiamente dicho, de 1182 m) se realiza normalmente por dos carreteras que suben desde Pugliano y Boscotrecase respectivamente.

Panoramica del golfo e del Vesuvio
Panoramic of the gulf and of the Vesuvio

CHIESE DI SANTA CHIARA, SAN DOMENICO E GESU' NUOVO

(Vedi pianta - See map - Voir plan - Siehe plan - Ver mapa - L-5)

La **Chiesa di Santa Chiara** venne eretta nel XIV sec. in stile gotico-provenzale e rimaneggiata nel '700. Andò completamente distrutta nella seconda guerra mondiale. La ricostruzione gli diede il suo aspetto originario. **San Domenico Maggiore** venne costruita tra il 1283 e il 1324: al suo interno viene conservata la bolla originale con la quale Papa San Pio V nel 1567 proclamò San Tommaso d'Aquino, Dottore della Chiesa. La caratteristica principale della **Chiesa del Gesù Nuovo** invece è la sua facciata a bugne sporgenti a punte di diamante: si tratta infatti della facciata originale del Palazzo Sanseverino della fine del '400, trasformato in chiesa dopo più di un secolo.

The **Church of S. Chiara** was erected in the 14th century in Gothic-Provençal style and restructured in the 1700s. It was completely destroyed in the Second World War. It was restored to its original aspect when it was rebuilt. **San Domenico Maggiore** was constructed between 1283 and 1324. It contains the original bull with which in 1567 Pope St Pius V proclaimed St Thomas Aquinas a Doctor of the Church. The main feature of the **Church of Gesu' Nuovo** is its façade with diamond pointed projecting ashlar bricks: it is in fact the original façade of the Palazzo Sanseverino of the end of the 13th century, transformed into a church more than a century later.

L' Église de **Santa Chiara** fut construite au XIVème siècle, en style greco-provençal et remaniée au XVIIIème siècle. Completement detruite au cours de la seconde guerre mondiale, elle fut reconstruite dans l'aspect qu'elle presente aujourd'hui. **San**

L'imponente statua della Madonna davanti alla Chiesa del Gesu' Nuovo
The impressive statue of Madonna in front of the Church of Gesu' Nuovo

Domenico Maggiore fut construite entre 1283 et 1324. Elle conserve la bulle pontificale par laquelle le Pape Pie V proclama, en 1567, Saint Thomas d' Aquin Docteur de l' Église. En revanche la principale caracteristique de **l'Église del Gesu' Nuovo** est sa façade a bossage en pointes de diamant: il s'agit en effet de la façade d'origine du Palais de Sanseverino, datant de la fin du XVème siècle, transformée en église un peu plus d'un siècle plus tard.

Die **Kirche S. Chiara** wurde im 14. Jahrhundert in provenzalisch-gotischem Stil errichtet und im 18. Jahrhundert umgebaut. Während des zweiten Weltkriegs wurde sie vollkommen zerstört und originalgetreu wieder aufgebaut. **San Domenico Maggiore** wurde zwischen 1283 und 1324 erbaut und in seinem Innern wird die Originalbulle aufbewahrt, mit der Papst Pius V. 1567 den hl. Thomas von Aquin zum Kirchenlehrer ernannte. Das Hauptmerkmal der **Kirche Gesù Nuovo** ist ihre Fassade im Diamantenbossenwerk: Eigentlich handelt es sich hier um die Originalfassade des Palazzo Sanseverino vom Ende des 15. Jahrhunderts, der nach über einem Jahrhundert in eine Kirche umgebaut wurde.

La **Iglesia de Santa Clara** fue erigida en el s. XIV en estilo gótico-provenzal, siendo modificada en el s. XVIII. Fue completamente destruida durante la segunda guerra mundial y gracias a su reconstrucción recobró su aspecto originario. **San Domingo Mayor** fue construida entre 1283 y 1324, en su interior se conserva la bula original con la que el Papa San Pío V proclamó (en 1567) Doctor de la Iglesia a San Tomás de Aquino. La

característica principal de la **Iglesia del Jesús Nuevo** reside en su fachada de sillares sobresalientes, en forma de puntas de diamante; en efecto, se trata de la fachada original del Palacio Sanseverino de fines del s. XV, transformado en iglesia más de un siglo después.

PALAZZO REALE DI CAPODIMONTE

(Vedi pianta - See map - Voir plan - Siehe plan - Ver mapa - L-2)

La sua costruzione iniziò nel 1738 e terminò un secolo più tardi. Dal 1759 al 1806 vi furono collocati i pezzi della collezione Farnese appartenenti alla madre di Carlo III di Borbone. Successivamente vi furono esposte le armi dell'Armeria reale, collezioni di porcellane etc. Attualmente la più importante fra le tre sezioni del

Nel Museo: l'annunciazione dei santi Giovanni Battista ed Andrea
In the museum: The annunciation of Saints Giovanni Battista and Andrea

Museo è la Pinacoteca Nazionale dove sono custodite alcune delle opere più importanti della storia italiana.

Its construction was begun in 1738 and ended a century later. From 1759 to 1806 it contained the pieces of the Farnese collection that belonged to the mother of Carlo III di Borbone. Subsequently it contained an exhibition of the weapons of the Royal armoury, collections of porcelain, etc. At the moment the most important of the three sections of the Museum is the National Art Gallery which contains some of the most important works of Italian history.

Sa construction commença en 1738 et se termina un siècle plus tard. Entre 1759 et 1806, y furent placés les trésors de la collection Farnese, appartenant à la mère de Carlo III di Borbone. Par la suite, c'est là que furent exposées les armes de l'Armeria reale, les collections de porcelaines, etc. Actuellement, la section la plus importante du Musée est la

Pinacothèque Nationale où sont conservées quelques unes des plus importantes oeuvres de l'art italien.

Mit dem Bau wurde 1738 begonnen, fertiggestellt wurde das Bauwerk ein Jahrhundert danach. Von 1759 bis 1806 waren hier Objekte aus der Sammlung Farnese untergebracht, die im Besitz der Mutter Karls III. aus dem Geschlecht der Bourbonen waren. In der Folge waren hier die Waffen der Königlichen Waffensammlung, Porzellan-Sammlungen usw. ausgestellt. Derzeit ist die Pinacoteca Nazionale mit Hauptwerken der italienischen Kunstgeschichte die wichtigste der drei Abteilungen des Museums.

Su construcción inició en 1738 y terminó un siglo más tarde. Desde 1759 hasta 1806 albergó los objetos de la Colección Farnese, pertenecientes a la madre de Carlos III de Borbón. Más tarde se expusieron las armas de la Armería real, colecciones de porcelanas, etc. La Pinacoteca Nacional es actualmente la sección más importante de las tres existentes en el Museo; en ella se hallan reunidas algunas de las obras más importantes de la historia italiana.

Palazzo reale di Capodimonte
Real Palace of Capodimonte

TEATRO SAN CARLO E GALLERIA UMBERTO I

(Vedi pianta - See map - Voir plan - Siehe plan - Ver mapa - L-7)

È una delle gemme di Napoli, sia per i suoi pregi estetici e monumentali sia per le pagine di storia musicale che ad esso sono legate. Costruito nel 1727 è divenuto il centro della vita musicale napoletana, che conobbe il suo periodo più glorioso con la nascita dell'opera buffa alla fine del '700.

L'interno appare sfarzoso, formato da 184 palchi con balaustre adornate ed un grandioso affresco della volta. Di fronte al teatro vi è la Galleria Umberto I del XIX sec. sormontata da una cupola di ferro e vetro alta più di 56 metri.

It is one of the jewels of Naples, both because of its aesthetic and monumental merits and because of the pages of musical history which are connected with it. Built in 1727, it became the centre of Neapolitan musical life, which experienced its most glorious period with the birth of comic opera at the end of the 18th century.

The interior appears luxurious, formed as it is of 184 boxes with decorated balustrades and a magnificent fresco on the ceiling. Facing the theatre is the 19th century Galleria Umberto I, surmounted by an iron and glass dome 56 metres high.

C'est l'un des joyaux de Naples, aussi bien pour la beauté de son architecture que pour les pages d'histoire de la musique qui y sont liées. Construit en 1727, il est devenu le centre de la vie musicale de la ville et connut l'apogée de sa gloire avec la naissance de l'opéra bouffe à la fin du XVIIIème siècle.

L' intérieur est splendide, 184 loges avec balcons richement décorés et une grandiose

fresque qui orne la volte. En face du théâtre, la Galleria Umberto, datant du XIXème siècle, surmontée d'une coupole en verre avec armature de métal de plus de 56 mètres de haut.

 Sie ist eins der architektonischen und ästhetischen Juwelen Neapels, wo bedeutende Seiten der Musikgeschichte geschrieben wurden. 1727 erbaut, wurde der Bau zum Zentrum des musikalischen Lebens Neapels, das Ende des 18. Jahrhunderts seinen Höhepunkt mit dem Entstehen der Komischen Oper erlebte. Das luxuriöse Innere besteht aus 184 Logen mit dekorierten Brüstungen und einem großartigen Deckenfresko. Dem Theater gegenüber liegt die Galleria Umberto I. aus dem 19. Jahrhundert mit aus einer Eisen- und Glaskonstruktion bestehenden, mehr als 56 m hohen Kuppel.

La Galleria Umberto I
The gallery Umberto I

 Es una de las joyas de Nápoles, tanto por su valor estético y monumental, como por la historia musical relacionada con él. Fue construido en 1727 y se ha transformado en el centro de la vida musical napolitana. Su período de mayor gloria se halla representado por la ópera bufa surgida a fines del s. XVIII.
Su interior se presenta suntuoso, formado por 184 palcos con balaustradas adornadas y un grandioso fresco de la bóveda. Enfrente del teatro se encuentra la Galería Humberto I del s. XIX, coronada por una cúpula de hierro y vidrio de más de 56 metros.

L'interno del Teatro San Carlo
The Interior of the Theater of San Carlo

DUOMO E MUSEO NAZIONALE

(Vedi pianta - See map - Voir plan - Siehe plan - Ver mapa - M-4)

Il **Duomo** è dedicato a San Gennaro, Santo patrono di Napoli; al suo interno vi è custodito un busto d'argento nel quale sono contenuti il cranio del Santo e due ampolle, contenenti il sangue dissecato del martire che, secondo la tradizione, si liquefà due volte l'anno. Il **Museo Archeologico Nazionale** venne iniziato nel 1585 e destinato a caserma di cavalleria, successivamente sede dell'Università. Rimase tale fino al 1777 quando Ferdinando IV decise di adibirlo a Museo.

The **Duomo** is dedicated to San Gennaro, the patron saint of Naples. Inside is a silver bust containing the skull of the saint and two ampules, containing the dried blood of the martyr which, according to tradition, liquefies twice a year. The **National Archaeological Museum** was begun in 1585 and destined to be a cavalry barracks. It was subsequently the home of the University. It remained so until 1777 when Ferdinand IV decided to use it as a museum.

Ritratto di donna
Portrait of a woman

Le **Duomo**, la cathédrale de Naples, dédiée a Saint Janvier, patron de la ville; dans un tabernacle, sont conservés son crâne ainsi que deux ampoules contenant le sang séché du martyr. Selon la tradition, son sang se liquéfie deux fois par an.

L'entrata del Duomo
The entrance of the Dome

L'édifice du **Musée Archéologique National** fut construit en 1585 et fut destiné tout d'abord à abriter une caserne de la cavalerie. Il devint par la suite le siège de l'Université de Naples, avant d'être transformé, en 1777, en musée par le roi Ferdinand IV.

Der **Dom** ist dem hl. Gennaro geweiht, dem Stadtpatron Neapels, und bewahrt in seinem Innenraum eine Silberbüste auf, in der sich der Schädel des Heiligen und zwei Ampullen mit dem getrockneten Blut des Märtyrers befinden, das der Überlieferung nach zweimal jährlich flüssig wird. Der Bau des **Museo Archeologico Nazionale** wurde 1585 begonnen, diente zunächst als Kaserne des berittenen Heers und später bis 1777 als Sitz der Universität, als Ferdinand IV. beschloss, den Bau zum Museum umzufunktionieren.

Musicisti ambulanti
Strolling musicians

La **Catedral** está dedicada a San Gennaro, patrono de Nápoles; en su interior se halla conservado un busto de plata que contiene el cráneo del santo y dos ampollas con la sangre desecada del mártir, la cual, según la tradición se licua dos veces al año. El **Museo Arqueológico Nacional** empezó a construirse en 1585 y fue destinado a cuartel de la caballería, siendo más tarde la sede de la Universidad hasta 1777, año en el que Fernando IV decidió destinarlo a Museo.

La battaglia di Issos tra Alessandro e Dario
The battle of Issos between Alexander and Darius

ISOLA D' ISCHIA E CASTELLO ARAGONESE
(Vedi pianta - See map - Voir plan - Siehe plan - Ver mapa - M-9)

Ischia è la più grande delle isole partenopee (46,3 Kmq). La sua natura vulcanica è rivelata da molte sorgenti termali, termominerali e radioattive, che hanno fatto dell'isola un rinomato centro di cura di diverse affezioni, fin dall'antichità.

Ischia is the largest Neapolitan island (46,3 kmq). It is vulcanic, and there are many thermal, thermal-mineral and radioactive springs - the island has been a well-known spa, since very early times, and people go there to cure all sorts of ailments.

Ischia est la plus grande des îles du Golfe de Naples (46,3 Km2). Sa nature volcanique est révélé par la présence de beaucoup de sources thermales, thermo-minérales et radio-actives, célèbres dès l'antiquité, qui ont fait de l'île une station thermale très renommée dans le traitement de plusieurs affections.

Ischia sie ist die grösste der partenopäischen Inseln (46,3 km2). Ihre vulkanische Natur wird schon von den vielen warmen Quellen angezeigt, Mineral - und radioaktive Quellen, die diese Insel schon seit dem Altertum, zu einem der bekanntesten Kurorte für verschiedene Gebrechen gemacht haben.

Ischia es la mayor de las islas partenopeas (46,3 km2). Su naturaleza volcánica se revela por las abundantes surgentes de aguas termales, termominerales y radioactivas, que desde la antiguedad han hecho de la isla un renombrado centro para la curación de diversas enfermedades.

Il Castello Aragonese è un complesso di costruzioni di varie epoche sorte su di un isolotto, unito all'isola per mezzo del lungo ponte Aragonese.

The Aragon Castle is a several buildings, erected through the centuries, on a small island which is joined to Ischia by the long Aragon bridge.

Panoramica dell'Isola d'Ischia
Panoramic of Ischia Island

Château Aragonais Ensemble de bâtiments de différentes époques élevés sur un îlot relié à l'île par le long Pont Aragonais.

Castello Aragonese Eine Gruppe von Bauwerken, die zu verschiedenen Zeiten auf einer kleinen Insel entstanden sind, die mit der Insel Ischia durch die lange aragonesische Brucke verbunden ist.

El Castillo Aragonés es un conjunto de construcciones de diversas épocas que surgen sobre un isloto, unido a Ischia mediante el largo puente Aragonés.

Il Castello Aragonese
The Aragones Castle

23

CAPRI: MARINA GRANDE E I FARAGLIONI

(Vedi pianta - See map - Voir plan - Siehe plan - Ver mapa - O-10)

Avamposto della penisola sorrentina, **Capri** è a buon diritto proclamata la gemma del Golfo di Napoli, per il fascino dei suoi paesaggi, la serenità del suo cielo, la bellezza del suo clima.

Capri is the outpost of the peninsula of Sorrento. It is rightly called the jewel of the Bay of Naples, because of its attractive scenery, clear skies and beautiful climate.

Avancée de la presqu'île de Sorrente, **Capri** est à juste titre proclamée la perle du Golfe de Naples, pour le charme de ses paysages, la pureté de son ciel, la beauté de son climat.

Veduta dei Faraglioni
View of the Stacks

Vorposten der Halbinsel von Sorrent, wird **Capri** mit gutem Recht, wegen des Zaubers seiner Landschaft, seines heiteren Himmels und seines wunderbaren Klimas, das Juwel des Golfes von Neapel genannt.

Avanzada de la península sorrentina, **Capri** es proclamada con todo derecho la gema del Golfo de Nápoles, por lo fascinante de sus paisajes, la serenidad de su cielo, la belleza de su clima

Magnifica veduta dei **Faraglioni,** caratteristici scogli rocciosi staccati dalla costa, dalla terrazza della famosa "La Canzone del Mare".

A magnificent view of these **famous rock formations** seen from the terrace of the famous "La Canzone del Mare".

Magnifique vue des **Faraglioni**, îlots rocheux très caractéristiques détachés de la côte, depuis la terrasse de la fameuse "La Chanson de la Mer".

Prachtvoller Blick von der Terrasse des bekannten "Canzone del Mare" auf die **Faraglioni**, die charakteristischen, der Küste vorgelagerten Felsen.

Magnífica vista de los **Farallones**, característicos escollos rocosos separados de la costa, desde la terraza de la famosa "La Canzone del Mare".

Marina Grande

CAPRI: GROTTA AZZURRA

(Vedi pianta - See map - Voir plan - Siehe plan - Ver mapa - O-10)

Scoperta nel 1826 dal tedesco Augusto Kopisch, è divenuta meta di innumerevoli visitatori, per ognuno dei quali si è rinnovato e si rinnova l'incanto dei giochi di luce che colorano di azzurro le pareti e la volta, e circondano di un alone argenteo ogni oggetto, ogni corpo tuffato nell'acqua.

This grotto was discovered in 1826 by the German Augusto Kopisch. Many, many tourists visit the grotto each year, and never fail to be charmed by its magical atmosphere - the walls and the volta of the grotto are as blue as blue, every object has a silvery outline, and even swimmers in the water look blue.

Découverte en 1826 par l'allemand Augusto Kopisch, elle est devenue le but de grand nombre de visiteurs, pour chacun desquels s'est toujours renouvelé et se renouvelle encore l'enchantement des jeux de lumières qui colorent d'azur les parois et la voûte de la grotte, et entourent d'un halo argenté les objets et les corps qui sont immergés dans l'eau.

Im Jahre 1826 von dem Deutschen Augusto Kopisch entdeckt, ist sie das Ziel unzähliger Besucher geworden. Für einen jeden erneuerte und erneuert sie heute noch den Zauber des Lichtes, welches die Wände und Gewölbe mit Blau färbt und jeden Körper, der in sein Wasser taucht, mit einem Silberschein umgibt.

Descubierta en 1826 por el alemán Augusto Kopisch, se ha convertido en meta de inumerables visitantes, y para cada uno de ellos se ha renovado y se renueva el encanto de los juegos de luz que colorean de azul las paredes y la bóveda de la gruta, y circundan con una aureola plateada cada objeto y cada cuerpo que se zambulle en el agua.

POMPEI: TEMPLI DI APOLLO, GIOVE ANFITEATRO E FORO CENTRALE

(Retro pianta - Back of map - Derriere plan - Hinter-plan - Trasero mapa)

La celeberrima cittadina che nel 79 a.C., insieme con Ercolano e Stabia, venne istantaneamente sepolta dai materiali eruttati dal Vesuvio. Il **Foro**, circondato da vari edifici pubblici, era il primo ed il più importante dei tre centri della vita pubblica pompeiana. A sinistra dell'ingresso della Porta Marina si trovano i resti del **Tempio di Apollo**, mentre il lato nord è chiuso dal **Tempio di Giove**. Nella parte orientale della città sorge invece l'antichissimo **Anfiteatro,** costruito intorno all'80 a.C..

The famous little town that in 79 BC, together with Ercolano and Stabia, was instantaneously buried by the eruptive matter from Vesuvius. The **Forum**, surrounded by various public buildings, was the first and most important of the three centres of the public life of Pompeii. Left of the entrance of the Porta Mariana are the ruins of the **Temple of Apollo**, while the north side is closed by the **Temple of Jupiter**. The ancient **Amphitheatre**, constructed around 80 BC, stands in the eastern part of the town.

Le célèbre site qui, en 79 av.J.C., en même temps que les localités voisines d'Herculanum et de Stabia, fut presqu'instantanèment enseveli par l'éruption du Vésuve. Le **Forum**, bordé de différents édifices publics, était le premier et le plus important des trois grands centres de la vie publique à Pompéo. A gauche de l'entrée par la Porta Marina, les vestiges du **Temple de Jupiter**. Dans la partie est de la ville, se dresse le merveilleux **Amphithéatre**, construit aux environs de 80 av. J.C.

Das berühmte Städtchen wurde im Jahr 79 n. Chr. zusammen mit Herkulanum und Stabia unter den Geröllmassen des Vesuvausbruchs begraben. Das von diversen öffentlichen Gebäuden umgebene **Forum** war der wichtigste der drei Mittelpunkte im öffentlichen Leben Pompeijs. Zur Linken des Eingangs durch die

Porta Marina liegen die Überreste des **Apoll-Tempel**, als Abschluss des nördlichen Teils dient der **Jupiter-Tempel.** Im Westen erhebt sich das **Amphitheater**, das um 80 v. Chr. entstanden war.

 La celebérrima y pequeña ciudad que en el año 79 a.C., junto con Herculano y Stabiae, fue sepultada en un instante por los materiales eructados del Vesubio. El **Foro**, rodeado por varios edificios públicos, era el primer centro, y el más importante, de los tres dedicados a la vida pública pompeyana. A la izquierda de la entrada de la Porta Marina se hallan los restos del **Templo de Apolo**, mientras que el lado norte se halla ceñido por el **Templo de Júpiter**. En la parte oriental de la ciudad surge el antiquísimo **Anfiteatro** construido en torno al año 80 a.C.

Il tempio di Apollo
The Temple of Apollus

Il tempio di Giove
The temple of Jove

POMPEI: CASA DEL FAUNO E VILLA DEI MISTERI

(Retro pianta - Back of map - Derriere plan - Hinter-plan - Trasero mapa)

La **Villa dei Misteri** è celeberrima soprattutto per il grandioso ciclo di affreschi che ne decorano una grande sala, rappresentanti una cerimonia di iniziazione ai misteri dionisiaci. La **Casa del Fauno** è forse una delle più belle abitazioni private della città. Risale al II sec. a.C. in età sannitica, nella quale possiamo ammirare la statua del Fauno danzante dal quale prende il nome l'abitazione.

The **Villa of Mysteries** is famous for the wonderful frescoes decorating the main hall, representing a Ceremony of initiation into the dionysiac mysteries.
The **House of the Fauno** is perhaps one of the most beautiful private residences of the city. It dates to the 2nd century BC in the Samnite age. The statue of the dancing Faun, from which it takes its name, can be admired in its courtyard.

Villa des Mystères (Villa dei Misteri) elle est très célèbre surtout pour l'énorme cycle de fresques qui en décorent une grande sale, représentant une cérémonie d'initiation aux mystères dionysiaques. La Maison du Faune est sans nul doute l'une des plus belles habitations privées de la ville. Sa construction remonte au IIème siècle av. J.C., l'époque samnite. C'est là que se trouve la statue du Faune dansant qui donne son nom à cette superbe et célèbre habitation.

L'interno della Villa dei Misteri
The interior of the Mysteries Villa

Villa dei Misteri diese Villa ist vor allem wegen des grossartigen Zyklus von Wandmalereien weit berühmt, die einen grossen Saal schmücken und eine Zeremonie der Einführung in die dionysischen Mysterien darstellen. Das **Haus des Fauns** ist möglicherweise die schönste unter den Privatvillen der Stadt. Sie geht auf das 2. vorchristliche Jahrhundert samnitischer Zeit zurück. Hier ist die Statue des tanzenden Faun zu bewundern, von dem die Bezeichnung des Baus herrührt.

La **Villa de los Misteros** debe su grandisimo renombre sobre todo al magnífico ciclo de frescos que decoran la gran sala, con la representación de una Ceremonia de iniciación a los misterios dionisíacos. La **Casa del Fauno**, que se remonta al s. II a.C., de época samnita, es tal vez una de las casas particulares mas hermosas de la ciudad, en ella se puede apreciar la estatua del Fauno danzante, que da el nombre a la casa.

L' atrio
della casa
del Fauno
*Foyer
of the house of
Fauno*

POMPEI: CASA DEI VETII E DEGLI AMORINI

(Retro pianta - Back of map - Derriere plan - Hinter-plan - Trasero mapa)

La **Casa dei Vetii** è nota soprattutto per i finissimi dipinti decorativi, fra i quali spiccano le fasce su fondo scuro che decorano la zona inferiore delle pareti del triclinio, rappresentanti deliziose scene con figure di Amorini e di Psichi. La **Casa degli Amorini** è una raffinata abitazione appartenuta a Poppeo Abito forse della famiglia di Poppea moglie di Nerone.

La Casa degli Amorini
The House of Amorini

The **Casa dei Vetii** is very famous for its fine paintings, especially those with the dark background decorating the lower part of the walls of the triclinium, representing charming scenes with figures of Cherubs and Psyche. The **Casa degli Amorini** is a refined residence that belonged Poppeo Abito, perhaps of the family of Poppaea, Nero's wife.

La **Casa dei Vetii** est remarquable surtout pour les décors d'une rare finesse et les fresques qui se detachent sur le fond foncé de la zone inférieure des parois du triclinium, representant des scènes délicieuses et frises des Amours et des Psychés. La maison des Amours Dorés est une habitation d'un trés grand raffinement, ayant appartenue à Poppeo Abito, de la famille sans doute de Poppée, épouse de Néron.

La Casa dei Vetii
The house of Vetii

La **Casa dei Vetii** dieses ist besonders wegen der anmutigen Wandmalereien bekannt, unter denen besonders die Bänder auf dunklem Grund auffallen, die den unteren Teil der Wände des Trikliniums schmücken und reizende Szenen mit Figuren von Amoretten und Psyche darstellen. Die **Casa degli Amorini** stellt ein Beispiel für eine stilvolle Behausung dar, die von dem aus der Familie der Gattin Neros, Poppea, stammenden Poppeo Abito bewohnt wurde.

La **Casa dei Vetii** se la conoce sobre todo por sus finísimas pinturas decorativas, entre las que se destacan las bandas sobre fondo oscuro que adornan la zona inferior de las paredes del triclinio, y que representan deliciosas escenas con figuras de Amorcitos y Psiques. **La Casa de los Amorcillos** es una elegante casa perteneciente a Popeo Abito, tal vez de la familia de Popea, mujer de Nerùn.

Tre stupendi affreschi all'interno della Casa dei Vetii
Three wonderful frescos inside the House of Vetii

POMPEI: TEATRO GRANDE, FORO TRIANGOLARE, MACELLUM, PALESTRA

(Retro pianta - Back of map - Derriere plan - Hinter-plan - Trasero mapa)

Il **Teatro Grande** venne costruito tra il 200 e il 150 a.C. sfruttando la cavità naturale della collina. Poteva contenere fino a cinquemila spettatori. Di particolare interesse sono il **Foro Triangolare** il più antico luogo di culto della città, il **Macellum**, mercato coperto delle derrate alimentari del I sec. d.C., e la **Palestra**, circondata su tre lati da un bel portico con colonne corinzie ed al centro una piscina con il fondo inclinato.

The **Large Theatre** was built between 200 and 150 BC making use of the natural hollow in the hill. It could hold as many as five thousand spectators. Of special interest are the **Triangular Forum**, the oldest place of worship of the city, the **Macellum**, the covered market for foodstuffs of the 1st century AD, and

Il Foro triangolare
The triangolar forum

the **Palestra**, surrounded on three sides by a lovely portico of Corinthian columns and with a piscina with a sloping bottom in the centre.

Le **Grand Théâtre** fut construit entre 200 et 150 av.J.C., exploitant la cavité naturelle de la colline. Il pouvait contenir jusqu'à cinq mille spectateurs. Parmi les sites les plus intéressants, on peut noter le **Forum triangulaire**, le lieu de culte le plus ancien de la ville, le **Macellum**, le Marché couvert, datant du 1er siècle après J.C., et enfin le **Gymnase**, orné sur trois de ses côtés d'un superbe portique aux colonnes de style corynthien avec, au centre, une piscine au fond incliné.

Das **Große Theater** wurde in den Jahren zwischen 200 und 150 v. Chr. in der Niederung unterhalb des Hügels errichtet. Es bot bis zu 5000 Zuschauern Platz. Von besonderem Interesse sind das **Dreieckige Forum**, die älteste Kultstätte der Stadt, das **Macellum**, der Lebensmittelmarkt aus dem 1. Jh. n. Chr. und die auf drei Seiten von einem schönen Portikus mit korinthischen Säulen umgebene **Sporthalle** mit Schwimmbad mit abgeschrägtem Becken.

Il Teatro Grande
The big theater

El **Teatro Grande** ha sido construido entre el 200 y el 150 a.C. utilizando la cavidad natural de la colina. Podía contener hasta cinco mil espectadores. De particular interés son el **Foro Triangular** el más antiguo lugar de culto de la ciudad, el **Macellum**, mercado cubierto de las víveres del I sec. d.C. y la **Palestra**, circundada en los tres lados por un pórtico con columnas corintias y al centro una piscina con el fundo inclinado.

Il Macellum
The Macellum

La Palestra
The Gymnasium

• Alberghi • Hotels • Hôtels • Hotelen • Hoteles •

AMERICAN PARK VIA SCARFOGLIO, 15	TEL. 081.5706529
ASTORIA VIA S. LUCIA, 90	TEL. 081.7649903
BELVEDERE VIA ANGELINI, 51	TEL. 081.5788169
BRISTOL PIAZZA GARIBALDI, 63	TEL. 081.281311
BRITANNIQUE CORSO VITT. EMANUELE, 133	TEL. 081.663375
CAMALDOLI VIA JANNELLI, 586	TEL. 081.5466836
CANADA VIA MERGELLINA, 43	TEL. 081.682018
CAVOUR PIAZZA GARIBALDI, 32	TEL. 081.283122
CESARE AUGUSTO VIALE AUGUSTO, 42	TEL. 081.5934442
CHARLIE VIA MILANO, 82	TEL. 081.20199
CONTINENTAL VIA PARTENOPE, 36	TEL. 081.764475
DELLE NAZIONI VICO FERROVIA, 6	TEL. 081.554861
DELLE TERME DI AGNANO VIA A. ASTRONI	TEL. 081.5701733
EUROPA CORSO MERIDIONALE, 14	TEL. 081.267511
EXCELSIOR VIA PARTENOPE, 48	TEL. 081.7640111
EXECUTIVE VIA CERRIGLIO, 10	TEL. 081.5520611
FONTANE AL MARE VIA TOMMASEO, 14	TEL. 081.7643470
GIGLIO VIA FIRENZE, 16	TEL. 081.285177
HOLIDAY INN CENTRO DIREZIONALE ISOLA E6	TEL. 081.2250111
HOLIDAY VIA SPAVENTA, 18	TEL. 081.283900
JOLLY H. AMBASSADOR VIA MEDINA, 70	TEL. 081.416000
LEOPARDI PIAZZA PILASTRI, 12	TEL. 081.5938043
MAJESTIC LARGO VASTO A CHIAIA, 68	TEL. 081.416500
MEDITERRANEO VIA N. P. DI TAPPIA, 25	TEL. 081.5512240
MERCURE ANGIOINO VIA A. DE PRETIS, 123	TEL. 081.5529500
MEXICO VIA ROSAROLL, 13	TEL. 081.266330
MILTON PIAZZA G. PEPE, 14	TEL. 081.283672
MONTESPINA VIA SAN GENNARO, 2	TEL. 081.7629687
NEW EUROPE VIA G. FERRARIS, 38/40	TEL. 081.2394844
NUOVO REBECCHINO CORSO GARIBALDI, 356	TEL. 081.5535327
OLTREMARE PARCO S. PAOLO	TEL. 081.7672327
ORIENTE VIA A. DIAZ, 44	TEL. 081.5512133
PALACE HOTEL PIAZZA GARIBALDI, 9	TEL. 081.267044
VIOLA VIA PALERMO, 22	TEL. 081.269368

• Ristoranti • Restaurants • Restaurantes •

A' CANZUNCELLA PIAZZA S. MARIA LA NOVA   TEL. 081.5519018
A' MALAFEMMENA VIA U. PALERMO, 2/B   TEL. 081.5562212
AI 53 PIAZZA DANTE   TEL. 081.5499372
A' FENESTELLA VIA MARECHIARO, 23   TEL. 081.690020
AL CONVENTO CUPA CAMALDOLI, 14   TEL. 081.5874293
ARAB FOOD STUFF VIA SEDILE DI PORTO, 71   TEL. 081.5529104
BAIA DUE FRATI VIA POSILLIPO, 36/B   TEL. 081.5750455
BOBO' VIA COLOMBO, 20   TEL. 081.5262034
CALAMARO VIALE CAMPI FLEGREI, 30   TEL. 081.5704387
CARUSO ROOF GARDEN VIA PARTENOPE, 45   TEL. 081.7640520
CIRO A MERGELLINA VIA MERGELLINA, 18   TEL. 081.681780
DA ETTORE PIAZZA GARIBALDI, 9   TEL. 081.200380
DON SALVATORE VIA MERGELLINA, 5   TEL. 081.681817
FRASCA VIA MORGHEN, 12   TEL. 081.5565198
GAMBERO ROSSO VIA PANORAMICA, 19   TEL. 081.8587402
IL GALLO NERO VIA TASSO, 466   TEL. 081.643012
I 4 CAINI VIA CINTIA, 41   TEL. 081.7674949
LA BERSAGLIERA BORGO MARINARI, 10   TEL. 081.7646016
LA CONTESSA VIA EREMO, 8   TEL. 081.5872122
LA SACRESTIA VIA ORAZIO, 116   TEL. 081.664186
LA SCIALUPPA BORGO MARINARI, 4   TEL. 081.7645333
LA TERRAZZA VIA PARTENOPE, 48   TEL. 081.7640111
LE ARCATE VIA A. FALCONE, 249   TEL. 081.7612291
LE DUE PALME VIA A. ASTRONI, 30   TEL. 081.7626128
LO SQUALO VIA ORAZIO, 1   TEL. 081.7613068
MIMI' ALLA FERROVIA VIA A. D'ARAGONA, 19   TEL. 081.5538525
MIMI' GI CENTRO DIREZIONALE ISOLA A3   TEL. 081.5625182
NAPOLI 1799 VIA NUOVA CAMALDOLI, 10   TEL. 081.5875010
NENE' PIAZZA MUNICIPIO, 2   TEL. 081.4203633
PIZZERIA VITTORIA VIA PISCICELLI   TEL. 081.5795771
TAVERNA VIOLA VIA SOLFATARA, 76   TEL. 081.5269953
UMBERTO VIA ALABARDIERI, 30   TEL. 081.418555
ZI' GIORGIO VIA SCRFOGLIO, 69   TEL. 081.7628344
ZI' TERESA VIA PARTENOPE, 1   TEL. 081.7642565

Ristoranti

37

• Gelatarie • Ice cream parlous •
• Glaciers • Eisdielen •
•Heladerías •

AL POLO NORD VIA P. COLLETTA, 41	TEL. 081.205431
BLASIUS CAFE' VIALE AUGUSTO, 154	TEL. 081.627260
CAFFE' VESUVIO GALLERIA UMBERTO I, 68	TEL. 081.401539
EDEN GELO VIA T. DI CAMAINO, 8	TEL. 081.5563938
FANTASIA GELATI VIA F. CILEA, 80	TEL. 081.5607001
FRESCAVOGLIA VIA L. GIORDANO, 127	TEL. 081.5564984
IL CAFFE' DI NAPOLI CORSO UMBERTO I, 345	TEL. 081.5541348
LA PAPIOCA VIA ANTONINO PIO, 129	TEL. 081.7283708
PARADISO DI STELLE VIA G. CARDUCCI, 31	TEL. 081.406745
PASTICCERIA RIVALTA P. DI GIACOMO, 119	TEL. 081.7691009

• Enoteche • Wine and liqueurs shops •
• Oenothèques • Weinhandlungen • Licorerias •

BELLEDONNE VC. BELLEDONNE A CHIAIA, 18	TEL. 081.403162
CHEZ LA CAVE VIA G. PALERMO, 108	TEL. 081.5465502
DA PAPERONE VIA ROSAROLL CESARE, 118	TEL. 081.200483
DEL BUON BERE VIA TURCHI MARINO, 13	TEL. 081.7642255
ENOTECA 2000 VIA LONGO BARTOLO, 69	TEL. 081.5962829
LA CANTINELLA STR. VICINALE TRENCIA, 5	TEL. 081.5882398
PARTENOPEA VIALE A. OTTAVIO CESARE, 2	TEL. 081.5935336
RAIMO VIA S. MARTINI, 33	TEL. 081.5794921
VESUVIO DI MAURINO VIA ARENACCIA, 177	TEL. 081.7808634

• Discoteche • Discobar • Discos •
• Boîtes de nuit • Diskotheken • Discotecas •

BLUES AND BLUES VIA MICHETTI, 6	TEL. 081.5565488
CAMELOT VIA PETRARCA, 101	TEL. 081.5754882
FLAKABE' VIA PONTI ROSSI, 111	TEL. 081.7419084
HAVANA VIA CAMPANA (Pozzuoli)	TEL. 081.5269743
LA MELA VIA DEI MILLE, 40/Bis	TEL. 081.410270
MY WAY VIA CAPPELLA VECCHIA, 30	TEL. 081.2451887
TONGUE VIA MANZONI, 202	TEL. 081.7690888
VERTEGO VIA CACCAVELLO, 17	TEL.081 55.60.502
VIRGILIO VIA TITO LUC. CARO	TEL.081 57.55.262

Musei e Gallerie • Museums and Galleries • Musées et Galeries • Museen • Museos y Galerias •

ANATOMICO DI VETERINARIA VIA DELPINO FEDERICO, 1
TEL. 081.444016 ORARIO: 9.00/13.00 CHIUSO IL SABATO

CASTELNUOVO (Maschio Angioino) PIAZZA MUNICIPIO
TEL. 081.401539 ORARIO: 9.00/19.00 CHIUSO LA DOMENICA

CENTRO CAPRENSE I. CERIO (CAPRI) PIAZZA CERIO
TEL. 081.8376681 ORARIO: 10.00/13.00 CHIUSO DOM./ LUN.

ETNOPREISTORIA CASTEL DELL'OVO
TEL. 081.7645343 PRENOTAZIONE TELEFONICA

MADONNA DEL ROSARIO (POMPEI) PIAZZA B. LONGO, 1
TEL. 081.8577111 ORARIO: 8.30/12.30-16.00/18.00

NAZIONALE ARCHEOLOGICO PIAZZA MUSEO, 19
TEL. 081.440166 ORARIO: 9.00/19.00 CHIUSO IL MARTEDI

NAZIONALE CAPODIMONTE VIA CAPODIMONTE
TEL. 081.7499111 ORARIO: 8.30/19.30 CHIUSO IL LUNEDI

NAZIONALE S. MARTINO LARGO SAN MARTINO, 1
TEL. 081.5781769 ORARIO: 8.30/19.30 CHIUSO IL LUNEDI

PALAZZO REALE VIA DEL PLEBISCITO
TEL. 081.5808326 ORARIO: 9.00/19.00 CHIUSO IL MERCOLEDI

PALEONTOLOGIA, ANTROP., MIN. L.GO S. MARCELLINO, 10 TEL.
081.204775 ORARIO: 9.00/13.30

PINACOTECA CHIESA GIROLAMINI VIA DUOMO, 142
TEL. 081.449139 ORARIO: 9.00/13.00 CHIUSO LA DOMENICA

PINACOTECA PIO MONTE DI MISERICORDIA VIATRIBUNALI,
253 TEL. 081.446944 ORARIO: 9.30/13.00 CHIUSO IL MARTEDI

PRINCIPE ARAGONA PIGNATELLI RIVIERA DI CHIAIA, 200
TEL. 081.669675 ORARIO: 8.30/13.30 CHIUSO IL LUNEDI

OSSERVATORIO ASTRONOMICO CAPODIMONTE VIA MOIA-
RELLO, 16 TEL. 081.5575111 PRENOTAZIONE TELEFONICA

SCIENZE DELLA TERRA LARGO S. MARCELLINO, 10
TEL. 081.5523435 ORARIO: 9.00/13.30

VESUVIANO G. B. ALFANO (POMPEI) VIA COLLE S. BARTOLO
TEL. 081.8507255 ORARIO: 9.00/13.00

Musei e Gallerie

• Consolati • Consulates • Consulats •
• Konsulaten • Consulados •

ALGERIA VIA SANTA LUCIA, 15 TEL.	TEL.081.7643515
ARGENTINA VIA MEDINA, 40	TEL. 081.5523134
AUSTRIA CORSO UMBERTO I, 275	TEL. 081.287724
BANGLADESH VIA ARGINE, 1150	TEL. 081.7324211
BELGIO VIA DE PRETIS, 78	TEL. 081.5510535
BOLIVIA VIA DUOMO, 348	TEL. 081.287607
BURKINA FASO VIA MORGANTINI, 3	TEL. 081.5523706
CAMERUN CAL. VILLA DEL POPOLO, 12	TEL. 081.262166
CANADA VIA CARDUCCI, 29	TEL. 081.401338
CAPO VERDE VIA TORINO, 6	TEL. 081.5544930
CECA, REP. CORSO UMBERTO I, 275	TEL. 081.268784
CILE VIA MELISURGO, 15	TEL. 081.5525268
CIPRO VIA MELISURGO, 15	TEL. 081.5510501
COREA CENTRO DIREZIONALE ISOLA E/2B	TEL. 081.5628180
COSTA D'AVORIO PIAZZA S. PASQUALE, 1	TEL. 081.415275
DANIMARCA VIA MEDINA, 24	TEL. 081.5512211
DOMINICANA, REP. VIA ORSINI, 42	TEL. 081.7648867
EL SALVADOR VIA PONTE DI TAPPIA, 82	TEL. 081.5520217
FEDERAZIONE RUSSA VIA PETRARCA, 50	TEL. 081.7690759
FINLANDIA VIA MEDINA, 24	TEL. 081.5512211
FRANCIA PIAZZA DELLA REPUBBLICA, 2	TEL. 081.5980711
GABON VIA MELISURGO, 15	TEL. 081.5524925
GERMANIA VIA FRANCESCO CRISPI, 69	TEL. 081.2488511
GHANA VIA FIRENZE, 54	TEL. 081.281511
GIAPPONE VIA PONTE DI TAPPIA, 82	TEL. 081.5521183
GRAN BRETAGNA VIA FRANCESCO CRISPI, 122	TEL. 081.663320
GRECIA VIALE A. GRAMSCI, 5	TEL. 081.7611075
GUATEMALA VIA GIULIO CESARE, 101	TEL. 081.2393933
HONDURAS VIA MADDALENA, 340	TEL. 081.783276
INDONESIA VIA INCORONATA, 20	TEL. 081.5519694
ISLANDA VIA PETRARCA, 93	TEL. 081.5752108
LIBERIA CORSO UMBERTO I, 154	TEL. 081.206493
LUSSEMBURGO VIA CRISTOFORO COLOMBO, 45	TEL. 081.5517062
MALTA VIA PONTE DI TAPPIA, 82	TEL. 081.5521573
MAROCCO CENTRO DIREZIONALE ISOLA/1G	TEL. 081.7879009
MESSICO LARGO SERMONETA, 22	TEL. 081.5751185

MONACO VIA CAPECE, 10/N	TEL. 081.5752520
NORVEGIA VIA MEDINA, 24	TEL. 081.5512211
PAESI BASSI VIA DE PRETIS, 114	TEL. 081.5513003
PAKISTAN VIA CINTIA, 163	TEL. 081.7676793
PANAMA CENTRO DIREZIONALE ISOLA C/2	TEL. 081.5629107
PARAGUAY VIALE ANTONIO GRAMSCI, 18	TEL. 081.7616383
PERU' VIA CRISTOFORO COLOMBO, 45	TEL. 081.5525619
PORTOGALLO VIA NARDONES, 118	TEL. 081.413540
SAN MARINO, REP. VIA MONTE DI DIO, 25	TEL. 081.7641033
SENEGAL VIA MELISURGO, 15	TEL. 081.5525268
SIERRA LEONE VIA ORSINI, 42	TEL. 081.7640866
SPAGNA VIA DEI MILLE, 40	TEL. 081.411157
SRI LANKA VIA S. BRIGIDA, 43	TEL. 081.5522526
STATI UNITI D'AMERICA PIAZZA REPUBBLICA, 2	TEL. 081.5838111
SUD AFRICA CORSO UMBERTO I, 9	TEL. 081.5517519
SVEZIA VIA TOLEDO, 156	TEL. 081.5512852
SVIZZERA VIA PERGOLESI, 1	TEL. 081.7614390
THAILANDIA VIALE VIRGILIO, 5	TEL. 081.7690959
TUNISIA CENTRO DIREZIONALE ISOLA 3/D	TEL. 081.7345161
TURCHIA VIA PERGOLESI, 1	TEL. 081.681561
URUGUAY VIA CHIAIA, 216	TEL. 081.403178

• Chiese • Churches • Églises • Kirchen • Iglesias •

DUOMO VIA DUOMO	TEL. 081.449097
GESU' NUOVO PIAZZA DEL GESU'	TEL. 081.5518613
SAN DOMENICO MAGGIORE PIAZZA SAN DOMENICO	TEL. 081.459188
SAN FRANESCO DI PAOLA PIAZZA DEL PLEBISCITO	TEL. 081.7645133
SAN GIOVANNI A CARBONARA VIA CARBONARA	TEL. 081.295873
SAN GIORGIO MAGGIORE PIAZZA C. AI MANNESI	TEL. 081.287932
SAN GREGORIO ARMENO VIA S.G. ARMENO	TEL. 081.5520186
SAN LORENZO MAGGIORE PIAZZA S. GAETANO	TEL. 081.290580
SAN PAOLO MAGGIORE PIAZZA. S. GAETANO	TEL. 081.454048
SAN PIETRO A MAIELLA PIAZZA L. MIRAGLIA, 393	TEL. 081.459008
SANTA CHIARA VIA BENEDETTO CROCE	TEL. 081.5526209
SANT'ANNA DEI LOMBARDI PIAZZA MONTE OLIVETO	TEL. 081.5513333
SANTA MARIA DEL CARMINE PIAZZA DEL CARMINE	TEL. 081.200605

• Autonoleggi • Rent a car • Location de voitures • Autovermietung • Alquiler de autos •

AUTOSERVIZI SAN MARCO CALATA S. MARCO TEL. 081.5516429
AVIS AEROPORTO DI CAPODICHINO TEL. 081.7805790
EUROPCAR AEROPORTO DI CAPODICHINO TEL. 081.7805643
HERTZ VIALE R. DI CALABRIA TEL. 081.7802971
INTERRENTCAR VIA PARTENOPE, 36 TEL. 081.7646422
ITALY BY CAR AEROPORTO DI CAPODICHINO TEL. 081.7805702
ITALRENT VIA COMUNALE TAVERNOLA, 166 TEL. 081.5991316
LAPERUTA VIA CUPA LAUTREC, 2 TEL. 081.7803237
MAGGIORE AEROPORTO DI CAPODICHINO TEL. 081.7803011
SIXT AEROPORTO DI CAPODICHINO TEL. 081.5993443

• Gioielli • Jewels • Bijoux • Schumck • Joyas •

DOMENICO GENTILE VIA A. SCARLATTI, 125 TEL. 081.5781492
RAIMONDO DE SANTIS VIA FERRIGNI, 2 TEL. 081.404844
SALVATI VIA ERNESTO CAPOCCI, 30 TEL. 081.5526364
SESTO SENSO GIOIELLI CORSO UMBERTO I, 133 TEL. 081.5630377
VENTRELLA VIA C. POERIO, 11 TEL. 081.7643173

• Abbigliamento • Clothing • Habillement • Bekleidung • Ropa •

EDDY MONETTI VIA DEI MILLE, 45 TEL. 081.407064
EMPORIO ARMANI PIAZZA S. CATERINA, 7 TEL. 081.403229
GIANNI VERSACE VIA CALABRITTO, 7 TEL. 081.7644210
GUCCI VIA CALABRITTO, 4 TEL. 081.7640730
LONDON HOUSE VIA G. FILANGIERI, 26 TEL. 081.415793
LOUIS VUITTON VIA CALABRITTO, 2/G TEL. 081.7646606
MARINELLA VIA RIVIERA DI CHIAIA, 287/A TEL. 081.2451182
PRADA VIA CALABRITTO, 9 TEL. 081.7641323
SALVATORE FERRAGAMO P. DEI MARTIRI, 56 TEL. 081.415454
VALENTINO VIA CALABRITTO, 10 TEL. 081.7654226
VALENTINO BOUTIQUE UOMO V.LO FILANGIERI TEL. 081.417711

• Antiquariato • Antiques • Commerce des Antiquites • Antiquariat • Antiguedades •

BRANDI VIA MORELLI, 9   TEL.081.7643882
CAPUANO VIA S.M. DI COSTANTINOPOLI, 52   TEL.081.459841
DI DOMENICO VIA CARLO POERIO, 49   TEL.081.7646997
ERRICO UMBERTO V. S.M.COSTANTINOPOLI, 78   TEL.081.459929
NAPOLI CAPITALE P. S. D. MAGGIORE   TEL.081.5518765
TRADE ANTIQUES VIA MARTUCCI, 35   TEL.081.669415

• Gastronomia • Gastronomy • Gastronomie • • Gastronomie • Gastronomìa •

ARFE' VIA SAN PASQUALE, 31   TEL.081.411822
AUGUSTUS VIAPETRARCA,81/A   TEL.081.5754782
PANE VIAPOSILLIPO,75   TEL.081.7691152
SOAVE VIA SCARLATTI, 130   TEL.081.5567411
TIMPANI E TEMPURA V.LO D. QUERCIA, 17   TEL.081.5512280

• Librerie • Book Shops • Librairies • • BuchHandlungen • Librerìas

COLONNESE VIA SAN PIETRO A MAIELLA, 33   TEL. 081.459858
FELTRINELLI VIA S. TOMMASO D'AQUINO, 70   TEL. 081.5521436
FIORENTINO CALATA TRINITA' MAGGIORE, 36   TEL.081.5522005
GUIDA PIAZZA S. DOMENICO MAGGIORE, 14   TEL.081.5516393
INTERNAZIONALE TREVES VIA TOLEDO, 249   TEL.081.415211
INTRA MOENIA PIAZZA BELLINI, 70   TEL.081.290720
LA BANCARELLA GALLERIA UMBERTO I, 80   TEL.081.415688
LOMBARDI VIA S.M. DI COSTANTINOPOLI, 4/B   TEL.081.440625

• Profumerie • Perfume Shops • • Parfumerie • Perfumerias •

ALLA VIOLETTA VIA BERNINI, 25   TEL.081.5568444
BICE VIA PORTA MEDINA, 7   TEL.081.5525805
CONDEMI VIALE AUGUSTO, 40   TEL.081.2391461
MAIDA VIA PESSINA, 4   TEL.081.5491960
OSTUNI VIA D. MORELLI, 23   TEL. 081.7643903

Shopping

•Artigianato tipico •Typical Craftshop • •Artisanad Typique •Handwerker • •Typisch •Artesanado tipico •

ARIANTE VIA CROCE PIPERNO, 106	TEL. 081.7675097
ARTI DECORATIVE VIA BISIGNANO, 4	TEL. 081.422226
LIGUORI VIA SOLIMENE, 93	TEL. 081.5567696
MAKTUB VIA CHIAIA, 194	TEL. 081.407471
PIRAS VIA A. LONGO, 50	TEL. 081.5603985
STAHL VIA AUGUSTO, 148	TEL. 081.622868
VASSURA VIA N. POGGIOREALE, 48	TEL. 081.5538209

•Pitture e mosaici •Paintings ans mosaics • •Peintures et mosaïques • •Malerei und Mosaikn •Pintura y mosaici •

CENTRO ARTE AVITABILE V. B. CORENZIO, 31	TEL. 081.5568070
CILEA VIA CILEA, 239	TEL. 081.640541
D'AMBRA VIALE COLLI AMINEI, 38	TEL. 081.7414650
IL FANTE DI QUADRI VIA ALVINO, 33	TEL. 081.5563262
SALVATORE SERIO VIA G. OBERDAN, 8	TEL. 081.5523193

•Negozi souvenirs •Souvenir Shops • •Magasins de Souvenirs •Souvenir geschäft • •Tiendas de Souvenirs •

ALTAMAREA C.SO VITTORIO EMANUELE, 494	TEL. 081.5495454
BRANDI VIA D. MORELLI, 57	TEL. 081.7643975
DITTA BALDI VIA RAFFAELLO, 94	TEL. 081.5561900
I RICORDI DI NAPOLI CAL. T. MAGGIORE, 50	TEL. 081.5524955
ZANZIBAR DI LONGO VIA DE MARINIS, 8	TEL. 081.5120002

•Calzature •Shoes •Souliers •Schuhe •Calzados •

AVON 2000 VIA M. L. KING, 3	TEL. 081.7511842
CALZATURE POERIO VIA FONTANELLE, 34	TEL. 081.5444121
CAMPANA VIA NUOVA ARMIERI, 14	TEL. 081.5548764
GEVIM SALITA MIRADOIS, 49	TEL. 081.459306
VALLEVERDE VIA G. LEOPARDI, 145	TEL. 081.2393695

• Farmacie notturne • Pharmacies open at night • Farmacies nocturnes • NachTapotheken • Farmacias nocturnas •

ALFANI VIA CILEA, 124	TEL. 081.5604582
ALMA SALUS PIAZZA DANTE, 71	TEL. 081.5499336
CARDUCCI VIA CARDUCCI, 21	TEL. 081.417283
COTRONEO PIAZZA M. COLONNA	TEL. 081.2391641
DE BIASI PIAZZA GARIBALDI, 102	TEL. 081.282203
DE NIGRIS VIA V. JANFOLLA, 642	TEL. 081.5436168
GARZIA CORSO S. G. A TEDUCCIO	TEL. 081.7523685
GRILLI VIA ARENACCIA, 106/D	TEL. 081.7807109
HELVETHIA PIAZZA GARIBALDI, 11	TEL. 081.5548894
LEONE ATRIO STAZIONE CENTRALE	TEL. 081.268881
LONDRA PIAZZA MUNICIPIO, 54	TEL. 081.5523505
MADDALONI VIALE COLLI AMINEI, 249	TEL. 081.7414232
MANFREDI VIA EPOMEO, 487	TEL. 081.7283160
MARTELLINI VIA D. MORELLI, 22	TEL. 081.7643977
MELILLO CAL. PONTE CASANOVA, 30	TEL. 081.260385
NOCERINO VIA MADONNELLE, 1	TEL. 081.7731310
PENSATO VIA PIETRAVALLE, 11	TEL. 081.5468975
PETRIELLO CORSO SECONDIGLIANO, 174	TEL. 081.364866
PETRONE VIA SAN DONATO (PIANURA)	TEL. 081.7268179
RUSSO VIA S. MARTINI, 80	TEL. 081.5791170
SELLITTI RIVIERA DI CHIAIA, 169	TEL. 081.680000
TORELLI CORSO GARIBALDI, 78	TEL. 081.7283701

Distanze da Napoli
Distances from Naples - Distance de Naples
Entfernungen von Neapel - Distancia de Nàpoles

Agnano km 3,050	**Pompei** km 25
Amalfi km 70,700	**Pozzuoli** km 12
Capo Posillipo km 7,650	**Procida** miglia 14
Capri (Molo Beverello) km 30	**Ravello** km 75,700
Castellamare di Stabia km 30	**Salerno** km 56
Cratere Vesuvio km 32,300	**Sorrento** km 43,100
Ercolano km 10,700	**Torre del Greco** km 14
Ischia km 25	**Paestum** km 96,600

Farmacie

LINEE TRANVIARIE

1 POGGIOREALE - PIAZZA VITTORIA

POGGIOREALE (EMICICLO) - VIA N. POGGIOREALE - PIAZZA NAZIONALE - CALATA PONTE DI CASANOVA - CORSO GARIBALDI - PIAZZA PRINCIPE UMBERTO - PIAZZA GARIBALDI - CORSO GARIBALDI (STAZ. S.F.S.M.) - VIA N. MARINA - VIA COLOMBO (PORTO) - PIAZZA MUNICIPIO - VIA ACTON - GALLERIA VITTORIA - VIA D. MORELLI - VIA V. GAETANI - PIAZZA VITTORIA - VIA ARCOLEO - GALLERIA VITTORIA - VIA ACTON - PIAZZA MUNICIPIO - VIA COLOMBO - VIA N. MARINA - CORSO GARIBALDI - PIAZZA GARIBALDI - PIAZZA PRINCIPE UMBERTO - CALATA PONTE DI CASANOVA - PIAZZA NAZIONALE VIA N. POGGIOREALE - POGGIOREALE (EMICICLO).

4 S. GIOVANNI - PIAZZA VITTORIA

SPERONE (DEPOSITO ANM) - CORSO S. GIOVANNI - VIA PONTE DEI FRANCESI - VIA REGGIA DI PORTICI - VIA A. VOLTA - VIA A. VESPUCCI - VIA N. MARINA - VIA C. COLOMBO (PORTO) - VIA ACTON - GALLERIA VITTORIA - VIA D. MORELLI - VIA VANELLA GAETANI - PIAZZA VITTORIA - VIA ARCOLEO - GALLERIA VITTORIA - VIA ACTON - VIA C. COLOMBO - VIA A. VESPUCCI - VIA REGGIA DI PORTICI - VIA PONTE DEI FRANCESI - CORSO S. GIOVANNI - SPERONE (DEPOSITO ANM).

29 POGGIOREALE - S. GIOVANNI

PERCORSO ANDATA: POGGIOREALE (EMICICLO) - PIAZZA NAZIONALE - CALATA PONTE DI CASANOVA - CORSO GARIBALDI - PIAZZA GARIBALDI - CORSO GARIBALDI - VIA VESPUCCI - VIA A. VOLTA (PARCHEGGIO BRIN) - VIA PONTE GRANILI - VIA PONTE DEI FRANCESI - CORSO S. GIOVANNI - SPERONE (DEPOSITO ANM).

PERCORSO RITORNO: SPERONE (DEPOSITO ANM) - CORSO S. GIOVANNI - PONTE DEI FRANCESI - PONTE GRANILI - VIA VOLTA - VIA VESPUCCI - CORSO GARIBALDI - PIAZZA GARIBALDI - CORSO GARIBALDI - CALATA PONTE - CASANOVA - VIA N. POGGIOREALE - POGGIOREALE

METROPOLITANE
MetroNapoli informazioni: tel. 800 56.88.66

METROPOLITANA FS

Gianturco / FS Centrale / Circumvesuviana - **Cavour - Montesanto** / Circumflegrea Cumana / **Amedeo - Mergellina - Leopardi - Campi Flegrei - Cavalleggeri d'Aosta - Bagnoli - Pozzuoli.**
Ultima partenza ore 22,30. Tel. 081.55.34.188

METROPOLITANA COLLINARE

Cavour - Materdei - Salvator Rosa - Cilea - Vanvitelli - Medaglie d'Oro - Monte Donzelli - Rione Alto - Policlinico - Colli Aminei - Frullone San Rocco - Chiaiano/Marianella - Piscinola/Secondigliano.
Partenze ogni 12 minuti. Tel. 081.74.84.017

METROPOLITANA CUMANA

Montesanto - Vitt. Eman. - Fuorigrotta - Mostra / Stadio San Paolo - **Edenlandia - Bagnoli - Agnano - Dazio - Terme PP - Cappuccini - Pozzuoli - Cantieri - Arco Felice - Lucrino - Baia - Fusaro - Torre Gaveta.**
Partenze ogni 10 minuti fino alle ore 21,21. Tel. 081.55.13.328

METROPOLITANA CIRCUMFLEGREA

Montesanto / Metro Fs **- Piave - Soccavo - Traiano - Trencia - Pianura - Pisani - Quarto Centro - Quarto - Officina Quarto - Grotta del Sole - Licola - Marina di Licola - Cuma - Lido Fusaro**
Partenze ogni 10 minuti fino alle ore 21,21. Tel. 081.55.13.328

CIRCUMVESUVIANA

Centrale - Barra - San Giorgio a Cremano

FUNICOLARI

FUNICOLARE CENTRALE
Via Toledo - Piazza Fuga Tel. 081.56.04.582

FUNICOLARE DI CHIAIA
Piazza Amedeo - Via Cimarosa. Tel. 081.76.32.583

FUNICOLARE DI MONTESANTO
Piazza Montesanto - Via Morghen. Tel. 081.76.32.501

FUNICOLARE DI MARGELLINA
Via Mergellina - Via Manzoni Tel. 081.76.32.269

• EMERGENZE • EMERGENCY • URGENCE •
• VORFALL • EMERGENCIA •

• Servizi di interesse pubblico • Addresses of public interest • Addresses d'intérêt public •
• Öffentliche Angaben • Servicios de pùblico interés •

AEROPORTO UGO NIUTTA 081/78.96.259
AEROPORTO CAPODICHINO 081/70.55.111
ANM (AZIENDA MOBILITA' BUS) 081/76.311.11
CARABINIERI 081/54.81.111
CENTRO ANTIVELENI 081/74.72.870
CENTRO USTIONI 081/7472904
COMUNE 081/79.51.111
CROCE ROSSA 081/55.22.939
EPT 081/40.53.11
FERROVIE INFORMAZIONI 848.888088
GUARDIA MEDICA 081/7613.466
POLIZIA STRADALE 081/55.64.106
PORTO: CAPITANERIA 081/244511
PORTO: COSTA CROCIERE 081/55.12.483
PORTO: ALILAURO 081/76.11.004
PORTO: ALISCAFI SNAV 081/76,12.348
PORTO: CAREMAR 081/55.13.882
PORTO: NAVIGAZIONE LIBERA 081/55.27.209
PORTO: TIRRENIA 081/720.11.11
QUESTURA 081/79.41.11
RADIO TAXI 081/56.06.666
VIGILI DEL FUOCO 081/44.65.55
VIGILI URBANI 081/75.13.177

Editrice Lozzi

00168 ROMA - Via A.M. Valsalva, 34 - Tel. 06.30.55.226
e-mail: www.editricelozzi.it

STAMPA TIPOGRAFICA LA PIRAMIDE - ROMA

Emergenze

Servizi di interesse pubblico

48